Annenpfad – Kurz-Pilgern in der Prignitz

Annenpfad

Kurz-Pilgern mit Hund

in der Prignitz

Christian Hottas

Impressum

Bibliografische Information der Deutschen Nationalbibliothek: Die Deutsche Nationalbibliothek verzeichnet diese Publikation in der Deutschen Nationalbibliografie; detaillierte bibliografische Daten sind im Internet unter dnb.dnb.de abrufbar.

© 2023 Christian Hottas, 22393 Hamburg

Herstellung und Verlag: BoD – Books on Demand, Norderstedt

ISBN: 9 783757 882525

INHALTSVERZEICHNIS

EINFÜHRUNG

Pilgern war im Mittelalter ein populäres Phänomen, wenngleich aus gänzlich anderen Gründen als heutzutage. Während es im 20. Jahrhundert für die meisten Pilger darum geht, eine Auszeit von ihrem oft stressigen und materiell dominierten Alltag zu nehmen und ihre spirituellen Aspekte wiederzuentdecken (wobei sie je nach Budget beim Pilgern nicht zwangsläufig auf einen gewissen Luxus verzichten wollen und sich ja auch moderne Funktionskleidung und ebensolche Ausrüstung leisten können), mussten die damaligen Pilger zusehen, wie sie mit dem Allernötigsten an ihr Ziel und wieder zurück nach Hause gelangten.

Die damaligen Pilgermotive unterschieden sich demnach auch sehr von den unsrigen heutzutage. Während einige der damaligen Pilger ihre in Not oder Krankheit ausgesprochenen Gelübde einlösten oder am Pilgerzielort auf (Wunder-)Heilung hofften, mussten andere mit ihrer Pilger- oder Wallfahrt Buße ableisten, um nach irgendwelchen Vergehen wieder ihr Eigentum zurückzuerlangen, in ihre soziale Gemeinschaft oder in ihre Ämter aufgenommen zu werden.

Hinzu kam, dass es eine Zeitlang durchaus üblich war, eine Art „Kontoführung" mit Bonus- und Malus-Punkten im Visier zu haben und dabei seinen Bonus-Saldo durch solche Pilgerfahrten aufzustocken.

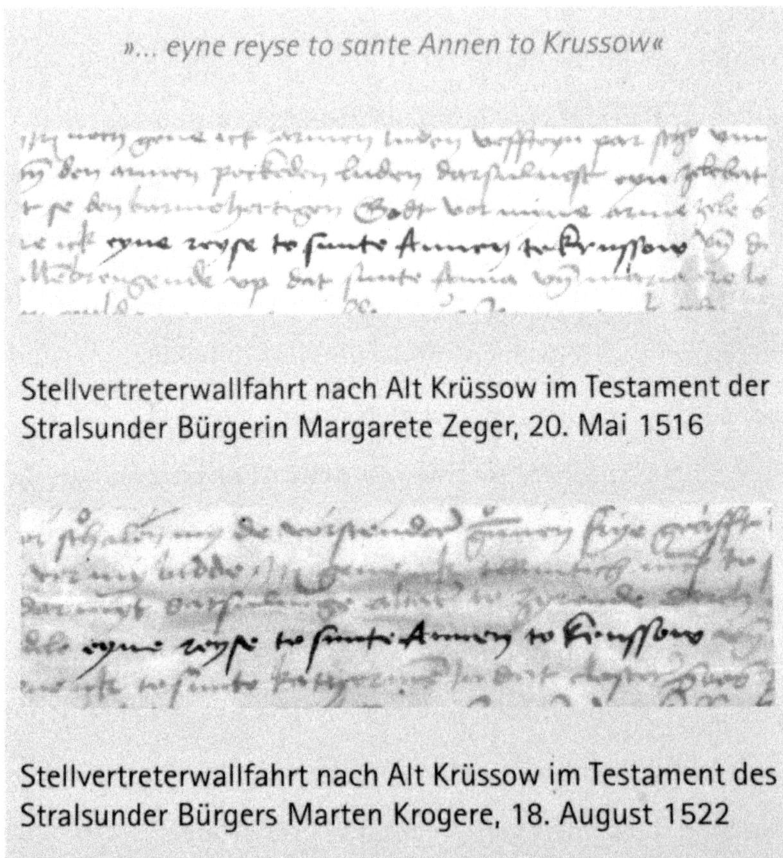

Stellvertreterwallfahrt nach Alt Krüssow im Testament der Stralsunder Bürgerin Margarete Zeger, 20. Mai 1516

Stellvertreterwallfahrt nach Alt Krüssow im Testament des Stralsunder Bürgers Marten Krogere, 18. August 1522

Quelle: Informationstafel an der Wallfahrtskirche St. Anna Alt Krüssow

So manch einer, der es sich leisten konnte, delegierte „sein" Pilgern auch an Dritte und umging auf diese Weise die Mühsal und Qual des Pilgerns. Dies konnte auch posthum durch testamentarische Aufträge an die eigenen Erben geschehen.

Pilger- und Wallfahrten in früheren Jahrhunderten waren asketisch und gefährlich. Im Fokus stand dabei stets das Ziel, also ein Heiligtum oder Reliquien, und nicht der Weg selbst. Als Beleg, dass man – persönlich oder per beauftragtem Ersatzpilger – dieses Ziel erreicht hatte, dienten Pilgerzeichen der jeweiligen Zielorte.

Dabei war es äußerst „praktisch", wenn die Pilgerziele nicht allzu weit entfernt lagen und man nicht unbedingt nach Santiago de Compostela, Rom, Jerusalem oder Aachen, also zu den vier wichtigsten christlichen Wallfahrtszielen, pilgern musste.

Vor diesem Hintergrund begann die europäische „Wallfahrtsszene" ab dem 14. Jahrhundert und erneut im frühen 16. Jahrhundert zunehmend zu boomen. Die religiösen Interessen verstärkten und vervielfachten sich, was auch zu einer Zunahme, um nicht zu sagen: Inflation, religiöser Zeichen führte.

Immer mehr Orte und Gotteshäuser versuchten, an diesem Boom teilzuhaben und davon zu profitieren. Kirchen, die zum Beispiel Reliquienschätze besaßen, bei denen Hostienwunder zeitgenössisch „belegt" waren (oder „alte" Legenden neu erfunden wurden) oder die aus anderen Gründen vom Papst das Recht erhalten hatten, Ablassfeiern anzubieten und den Pilgern ihre Sünden zu erlassen beziehungsweise ihre begangenen Vergehen zu vergeben, boten sich als regionale oder zumindest näher liegende Pilgerziele und Wallfahrtsorte an.

Während einige (wie das brandenburgische Wilsnack) internationale europäische Bekanntheit und ebensolchen Wert erlangten, besaßen andere nur begrenzte Wertigkeit.

Mit Einsetzen der Reformation, genauer: mit der Kritik der Reformatoren an diesem Pilger- und Ablasswesen, begann Mitte des 16. Jahrhunderts die Krise der Wallfahrten. Letztere entwickelten sich erst im 19. Jahrhundert – nun begünstigt durch modernere Transportmittel – wieder zu einem Massenphänomen

GESCHICHTE DES PILGERWEGS „ANNENPFAD"

Die Wallfahrtskirche St. Anna im (heute zu Pritzwalk ge-
hörenden) Alt Krüssow sowie das 1287 von Markgraf Otto
IV. gegründete und 1289 von den Zisterzienserinnen bezo-
gene Kloster zum Heiligengrabe gehören zweifellos zu den
Wallfahrtszielen, die diesen Status ebendiesem Pilger-Boom
zu Beginn des ausgehenden 15. und des beginnenden 16.
Jahrhunderts verdanken.

Wallfahrtskirche St. Anna Alt Krüssow

Dafür spricht jedenfalls ihre erst späte Beurkundung. Beide füllten – zumindest in der Region – ein wenig die Lücke, die ab 1552 durch die Verbrennung der „Wunderbluthostien" in Wilsnack und das abrupte Ende der Wallfahrten dorthin entstand.

Die **Wallfahrtskirche St. Anna**, eine spätgotische Hallenkirche, wurde erst 1520 geweiht. Hier befand sich der Überlieferung nach ein Rock der heiligen Anna, der Mutter Marias und damit der Großmutter Jesu Christi. Sie war im Spätmittelalter eine der beliebtesten Heiligen und wurde meist – gemeinsam mit Maria und Jesus – als „Anna selbdritt" dargestellt. Sie galt als Schutzpatronin der Zünfte und Händler, der Hausfrauen und Mütter, der Bergleute und Knechte. Damit konnte fast jeder auf ihre wundersame Hilfe hoffen, was die Popularität dieses Wallfahrtsziels erklärt, die auch noch lange anhielt, nachdem nach der Reformation die Reliquie längst entfernt und vermutlich nach Berlin gebracht worden war.

Das **Zisterzienserinnenkloster zum Heiligengrabe** war bei seiner Entstehung zunächst kein Wallfahrtsziel. Jedenfalls gibt es keine Quellen für eine bis zur Klostergründung im späten 13. Jahrhundert zurückreichende Pilgertradition. Erst 1516 datiert eine Druckschrift in lateinischer Sprache, die 1521 dann auch in Niederdeutsch erschien und 1532 durch einen Legendenzyklus mit 15 Tafelbildern im Kloster ergänzt wurde. Sieben dieser Bilder sind noch erhalten und im Klostermuseum ausgestellt.

Emblem des Kloster Stifts zu Heiligengrabe

Das **Zisterzienserinnenkloster zum Heiligengrabe** war bei seiner Entstehung zunächst kein Wallfahrtsziel.

Jedenfalls gibt es keine Quellen für eine bis zur Klostergründung im späten 13. Jahrhundert zurückreichende Pilgertradition. Erst 1516 datiert eine Druckschrift in lateinischer Sprache, die 1521 dann auch in Niederdeutsch erschien und 1532 durch einen Legendenzyklus mit 15 Tafelbildern im Kloster ergänzt wurde. Sieben dieser Bilder sind noch erhalten und im Klostermuseum ausgestellt.

Erstellt wurden diese Bilder für die kurz zuvor im spätgotischen Stil neu erbaute und 1512 eingeweihte **Heiliggrab-Kapelle**.

Wie das Kloster Stift zum Heiligengrabe selbst konstatiert, sollte das damals eher unbedeutende Kloster – auch in Konkurrenz zu Wilsnack und Alt Krüssow – zu einem frequentierten Wallfahrtsort aufgewertet werden und zugleich der aufkommenden Reformation in der Prignitz entgegengewirkt werden.

Möglicherweise existierte damals auch bereits ein Pilgerweg, ein erster „**Annenpfad**", der das Kloster zum Heiligengrabe mit der Kirche St. Anna in Alt Krüssow verband.

Der heutige, moderne Annenpfad wurde dagegen erst 2006 als **22 Kilometer langer Rundweg zwischen Heiligengrabe, Alt Krüssow und Bölzke** bzw. ihren Gotteshäusern konzipiert, dann bis 2010 komplett ausgeschildert und am Gründonnerstag 2011 offiziell eröffnet.

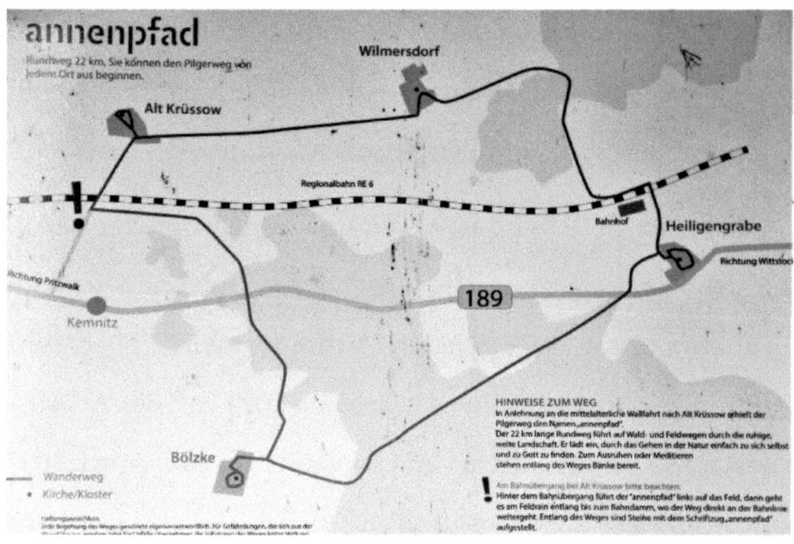

Quelle: Informationstafel an der Wallfahrtskirche St. Anna Alt Krüssow

Er wird vom **Arbeitskreis Annenpfad** – ihm gehören das *Kloster Stift zum Heiligengrabe* sowie die Vereine „*Wallfahrtskirche Alt Krüssow e.V.*" und „*Förderverein zum Erhalt der Bölzker Kirche e.V.*" an – betreut, der alljährlich am **Gründonnerstag** zum **Anpilgern**, zum Besinnen und zum Entspannen auf diesem Prignitzer Pilgerweg einlädt.

2014, 2017, 2019 und 2022 fand dieses Anpilgern von und nach Bölzke statt, 2012, 2015, 2018 und 2023 dann vom und zum Kloster Stift zu Heiligengrabe und 2013 sowie 2016 von und nach Alt Krüssow.

Im Prinzip rotiert dieser Termin also zwischen den drei beteiligten Gemeinden und Gotteshäusern, wobei die Kirche in Alt Krüssow 2019 wegen Renovierung nicht zur Verfügung stand und daher übersprungen wurde.

2020 und 2021 fiel das Anpilgern wegen der COVID-19 Pandemie ersatzlos aus. Die Entscheidung, ob und wo es am Gründonnerstag 2022 wieder stattfinden wird, blieb sehr lange in der Schwebe. Erst Mitte März 2022 gab der Arbeitskreis dann grünes Licht. Als Startort am 14. April 2022 wurde erneut Bölzke ausgewählt.

Für alle Pilger, nicht nur für die beim Anpilgern, gibt es einen Flyer, der zugleich als kleiner **Pilgerpass** für die drei Stempel der drei beteiligten Kirchen dient. Er ist auf der Homepage des Kloster Stifts als Download verfügbar, kann aber dort auch als Printversion angefordert werden bzw. wird dem Pilger dort beim Start auch ausgehändigt. Vor der

Kirche in Alt Krüssow und in der Kirche in Bölzke liegt er

ebenfalls zum Mitnehmen bereit.

Und bei vollständig absolviertem Pilgerweg gibt es – al-

lerdings nur im Shop der Information in Heiligengrabe –

(für 2,50 €) auch ein **Pilgerabzeichen** aus Porzellan käuflich

zu erwerben

ANREISE & ALLGEMEINES

Prinzipiell kann man den Annenpfad ja von jedem der drei beteiligten Gotteshäuser aus beginnen und auch dort wieder beenden. Es spielt dabei auch keine Rolle, ob man ihn im Uhrzeiger- oder Gegenuhrzeigersinn geht.

Gleichwohl bietet sich das Kloster Stift zum Heiligengrabe besonders an, weil man diesen Ort auch ohne eigenes Auto mit der Deutschen Bahn erreichen kann.

Zudem ist hier vor Ort eine umfangreichere logistische und touristische Infrastruktur als an den beiden anderen Orten. Und dann bietet sich hier auch der gut 17 Kilometer lange **Nonnenpfad** als „Zugabe" an, sollte man nach dem Annenpfad noch Zeit und Lust dafür haben. Der Nonnenpfad ist kein Pilgerweg, aber ein hübscher und empfehlenswerter Wanderweg, der ebenfalls am Kloster Stift zum Heiligengrabe startet und dort auch wieder endet.

Selbstverständlich gibt es keine zwingende Notwendigkeit, die 22 Kilometer des Annenpfads non-stop – an einem Tag – zu gehen.

AUF DEM ANNENPFAD VON & BIS HEILIGENGRABE

Nachdem ich bereits am Vortag versucht habe, den ebenfalls vom Kloster Stift zu Heiligengrabe ausgehenden und dort auch wieder endenden 17,3 Kilometer langen Wanderweg *„Nonnenpfad"* zu gehen, der jedoch noch nicht markiert war, weil er – wie ich im Frühjahr 2022 eher zufällig erfahre – offiziell erst im Juni 2022 eröffnet werden soll, steht für uns – meine Lebensgefährtin Christine, unseren kleinen, damals zweijährigen Pinscher-Mix-Rüden Kito und mich – am Sonntag, dem 5.9.2021, der 22 Kilometer lange Pilgerweg „Annenpfad" an.

Der Annenpfad existiert im Gegensatz zum Nonnenpfad bereits, und zwar auch ganz offiziell seit April 2011, also seit mehr als zehn Jahren. Trotzdem weiß bei unserem Start niemand im **Kloster Stift zu Heiligengrabe** zu sagen, wo genau er auf dem Stiftsgelände verläuft und wo wir ihn beginnen können. Und Pilgerwegmarkierungen sind genau hier auch nicht zu entdecken.

Stattdessen schickt man uns zum 1,5 Kilometer entfernten Bahnhof, an dem der Annenpfad entlang läuft…

Wir drei verlassen das Stiftgelände über den Klosterweg. Als wir kurz darauf die *Blesendorfer Straße* erreichen, biegen wir nach rechts ab und entdecken 270 Meter später, vor dem ersten Haus, einen ersten Stein mit der typischen Wegmarkierung des Annenpfads, die uns halbrechts in einen Pfad schickt. Dieser Pfad verläuft wie eine schmale Allee zwischen ein paar Grundstücken links und einer Weide mit Galloway-Rindern rechts von uns. Nach 350 Metern erreichen wir einen Wald und weitere 400 Meter später am Ende des Waldes wieder die *Blesendorfer Straße*.

Et voilá: Wir haben den **Bahnhof Heiligengrabe** erreicht! „Bahnhof" ist vielleicht etwas übertrieben, auch wenn er offiziell genau so heißt. Eigentlich ist er nur ein schlichter Haltepunkt mit einem rund 100 Meter langen Bahnsteig. Ein Bahnhofsgebäude ist zunächst nicht zu entdecken. Es steht, verlassen und mit Brettern verrammelt, etwa 100 Meter hinter dem heutigen Haltepunkt am linken Wegrand (siehe Foto Seite 22).

Wir biegen direkt hinter den Bahngleisen nach links in den *Wilmersdorfer Weg* ein und folgen diesem 600 Meter. Dann entdecken wir einen vom üppigen Grün teilweise verdeckten Stein mit Wegzeichen. (Beim Anpilgern im April 2022 ist dieser Stein nicht zu übersehen.) Es schickt uns nach rechts in eine Allee, die kurz darauf einem Waldrand folgt. Nach genau einem Kilometer knickt der Annenpfad halbrechts und nach weiteren 290 Metern halblinks ab. Diese Punkte sind – ebenso wie die Kreuzung, an der wir 300 Meter später nach links abbiegen – sehr gut und deutlich markiert.

Wir pilgern nun geradewegs auf Wilmersdorf zu. Beidseits unseres Feldwegs begleiten uns Wiesen, Felder und zwei kleine Waldstücke.

Zählstation.

Kito ist immer für eine Pause und ein Leckerli zu haben.

Doch zunächst einmal treffen wir auf eine **Zählstation**: eine Holzstele mit zwei Fächern. Wir werden gebeten, pro

Person einen Kieselstein aus dem unteren Fach in das obere Fach zu legen, um die Anzahl der hier vorbei gekommenen Pilger erfassen zu können. Ein simples Verfahren, bei dem zugleich auch der stets diskutierte Datenschutz voll gewahrt bleibt und das eindeutig zu 100 Prozent umweltfreundlich und nachhaltig ist!

Wilmersdorf

Im **Wilmersdorf** ist unser Feldweg dann wieder asphaltiert und heißt nun *Alt Wittstocker Weg*. Rasch stoßen wir erneut auf den (von links kommenden) *Wilmersdorfer Weg*, dem wir nun nach rechts folgen. Nach 50 Metern heißt er dann *Hauptstraße Wilmersdorf*. 90 Meter später biegen wir halblinks in die *Dorfstraße Wilmersdorf*, nach weiteren 70 Metern erneut – diesmal rechtwinklig – nach links in die Straße *Am Berg*, und nach weiteren 220 Metern erreichen wir wieder den *Alt Wittstocker Weg*.

Im Prinzip hätten wir uns diesen Schlenker auch sparen und einfach geradeaus durch Wilmersdorf pilgern können, aber dann hätten wir im Ortszentrum die wirklich hübsche **evangelische Dorfkirche Wilmersdorf** verpasst.

Diese wurde, nachdem der Vorgängerbau 1811 abgebrannt war, 1812 als Fachwerkbau neu errichtet. Der quadratische Westturm – ebenfalls in Fachwerkbauweise, aber mit Ziegeln ausgemauerten und unverputzten Feldern, Pyramidendach und Wettfahne wurde 1813 angefügt.

Dorfkirche Wilmersdorf.

In der Zeitschrift *chrismon* erschien im **November 2012** ein anschaulicher Artikel von *Burkhard Weitz* mit dem Titel ***„Drei Ortschaften und ihre Kirchen - Aufbau Ost"***, den ich mit Genehmigung des Autors hier wiedergeben möchte.

Früher haben sie in der Wilmersdorfer Gaststätte jeden Monat getanzt. Der Konsum bot alles Nötige für den täglichen Bedarf. Wer mittags Hunger hatte, aß in der Betriebskantine der Landwirtschaftlichen Produktionsgenossenschaft. In Wilmersdorf, Prignitz, war die DDR-Welt ziemlich in Ordnung. 1970 gab es einen Friseur, 66 Kinder im Kindergarten, etliche davon aus den Nachbardörfern. Es gab 270 Einwohner, viele lebten in schicken neuen Siedlungshäuschen. Ein Vorzeigedorf waren wir damals, sagen die alten Wilmersdorfer heute.

Nach der Wende schlossen der Friseursalon, das Lädchen, die Gaststätte. Die teils mit Asbestplatten verkleideten Satteldachhäuser stehen heute zusammenhangslos in der Gegend, umgeben von vermoostem Rasen, Blumenbeeten und Eisenzäunen. Immerhin konnte der Dorfverein den Kindergarten zum Gemeinschaftshaus umbauen und leuchtend gelb anstreichen.

Am sichtbarsten ist der Verfall im Zentrum, wo die meist menschenleeren Straßen von Wilmersdorf zusammenlaufen, wo der Postbote werktags den Briefkasten leert, die Buslinie 911 fünfmal täglich hält und sich ein paar Dorfjugendliche langweilen. Da steht auch die Kirche. Es dauert wohl nicht mehr lange, dann kracht sie in einer riesigen Staubwolke in sich zusammen. Frühere

Wilmersdorfer Generationen hatten sie nach dem großen Feuer von 1811 erbaut und liebevoll ausgestattet. Heute sind die Balken auf dem Fundament durchgerottet. Die Fensterscheiben platzen unter dem Druck des Fachwerks. Die einzige Regenrinne ist mit den Blättern der umstehenden Eichen und Kastanien verstopft. An der Nordseite hat jemand eine alte Stalllampe angeschraubt.

Drinnen riecht es nach feuchtem Staub. Gut erhalten wirkt der alte preußische Kanzelaltar mit gewölbten Säulenimitaten und Predigtpodest in Form einer Blumenvase. Schade, wenn das alles unter Schutt und Gebälk begraben würde. Das bunte Kerzentransparent hinter der aufgeschlagenen Altarbibel zeigt eine Weihnachtskrippe. Vorne links hat jemand Tannennadeln zusammengekehrt, sie sind braun und vertrocknet.

Heiligabend 2010 feierte ein Lektor hier zum letzten Mal Gottesdienst, erzählt der damalige Pastor Thomas Hellriegel am Telefon. Hellriegel zog im Mai 2011 ins Berliner Umland, seither ist kein Pfarrer mehr im Dorf gewesen. Auf den eingestaubten Bänken liegen Kissen, jedes anders bestickt – wohl private Polster, für den nächsten Kirchgang zurückgelassen. Im Turm lehnt das Pendel ausgehängt am Uhrwerk. Das löchrige Mauerwerk bietet großzügige Ausblicke aufs Dorf.

Verkauf an Privat abgelehnt: Jetzt verfällt die Kirche

Peter Vierke hätte die Kirche gern gerettet. Der ehemalige Buchhalter der Genossenschaft, die nach der Wende aus der örtlichen LPG hervorging, bewohnt mit seiner Frau das schönste Haus im Ort auf dem schönsten Grundstück neben dem Dorfteich. Vor neun Jahren hatte er dem Wilmersdorfer Kirchenvorstand ein Angebot gemacht: Er kauft Kirche und Grundstück und garantiert als neuer Eigentümer, dass die Kirche jederzeit für -Gottesdienste und als Kulturhaus für Vereinsfeiern offen stehe.

Erst waren alle hundert Wilmersdorfer dafür. Vierke erwarb Klinker, Dachziegel und Eichenholz, holte Angebote für doppelt verglaste Kippfenster mit Unterteilungen ein. Für das schmale Hauptschiff hatte er einen 15-armigen Leuchter mit vergoldeten Messingverzierungen und bemaltem Engel in der Mitte hergerichtet, groß wie ein Wagenrad. Das hölzerne Treppengeländer zur Empore wollte er durch ein schmiedeeisernes ersetzen. Vor der Eingangstür auf der Wetterseite plante er einen kleinen Vorbau, die Zinkhaube hierfür hatte Vierke auch schon besorgt.

Mitte Oktober 2003 erreichte ihn dann die Absage. Plötzlich gab es Gegenstimmen im Kirchenvorstand. Streit drohte. Nicht weil Vierkes Ausstattungspläne missfielen. Sondern weil die Kirche mit dem Hausrecht die Kontrolle darüber abgegeben hätte, wer sich im Gotteshaus einmieten darf und wer nicht.

In seinem Absagebrief fragte Pfarrer Hellriegel damals, ob Herr Vierke sein Geld nicht für den Wiederaufbau der Kirche stiften wolle. Peter Vierke lacht darüber. Er habe etwas Bleibendes hinterlassen wollen, was mit seinem Namen verbunden ist. Geld investiere er nur in sein Eigentum. – Jetzt verfällt die Kirche. Was aus dem Dorf wird? Wilmersdorfs gute Zeiten seien vorbei, sagt Vierke. Heute verfolge jeder seine eigenen Pläne.

Ganz so schlimm scheint es in den letzten neun Jahren dann doch nicht geworden sein. Die Wilmersdorfer Dorfkirche steht noch. Und sie sieht nicht (mehr?) so verrottet aus, wie sie in dem hier wieder gegebenen Artikel beschrieben wurde.

Trotzdem: **Wilmersdorf spielt auch beim Pilgerweg Annenpfad – bis auf den kurzen Schlenker durchs Dorfzentrum – praktisch keine Rolle. Eine weitere vertane Chance für diesen Ort…**

Wie bereits erwähnt, biegen wir kurz vor der Kirche nach links in die Straße *Am Berg* ab, und nach weiteren 220 Metern erreichen wir wieder den *Alt Wittstocker Weg*. Der führt uns

nun aus dem Ort heraus wieder auf freies Feld.

zwischen Wilmersdorf und Alt Krüssow

Nun liegt eine 3,1 Kilometer lange Gerade vor uns. Rechts flankiert eine Baumreihe den Feldweg, links liegen Felder und Wiesen mit vereinzelten Baum- und Strauchinseln.

In diesem Abschnitt treffen wir tatsächlich auf zwei Mitpilger, die es jedoch deutlich langsamer angehen lassen als wir und die wir daher überholen.

Alt-Krüssow

Der *Wilmersdorfer Weg* führt uns an eine Kreuzung, deren andere drei Wegrichtungen alle Dorfstraße *Alt-Krüssow* heißen. Wir biegen nach rechts und nach 85 Metern halblinks ab. Der Straßenname bleibt unverändert. Das stört uns nicht, ist doch die **Wallfahrtskirche St. Anna** nicht zu übersehen. Ihre Turmspitze überragt die Silhouette des Dorfes schon von weitem.

Auffällig ist, dass der untere Teil aller Kirchenwände aus Feld- und Bruchsteinen gemauert ist, während dann ab einer Höhe von etwa fünf Metern Ziegelmauerwerk anschließt. Welche Gründe dies hat, vermag ich nicht nachzuvollziehen. Ich vermute am ehesten das geringere Gewicht und die leichtere und stabilere Verarbeitung der Ziegel im Vergleich zu den unebenen Feldsteinen.

Ich frage in einem der benachbarten Häuser nach dem Pilgerstempel und dem Kirchenschlüssel. Die Anwohnerin begleitet uns zur Kirche, schließt sie auf und erläutert uns einen Teil seiner Geschichte und Ausstattung.

Flügelaltar in der Annenkapelle Alt Krüssow

Links des Hauptschiffs schließt sich die **Annenkapelle** an. Sie ist der älteste Teil dieser Kirche, der bereits ab 1514 genutzt wurde, während die Fertigstellung des Ostgiebels der Kirche erst 1517 erfolgte.

Alt-Krüssow profitierte damals vor allem auch von seiner günstigen Lage als Transitstation und Transitwallfahrtsort an einer der wichtigsten Zubringerrouten zum seinerzeit bedeutendsten überregionalen Wallfahrts- und Pilgerziel, den Wunderbluthostien in Wilsnack.

Detail des Flügelaltars in der Annenkapelle Alt Krüssow

In der Annenkapelle findet sich ein **Flügelaltar** aus Eichenholz **von 1510**. Wie bei derartigen Altären üblich, zeigt dieser bei geöffneten Seitenflügeln kostbare Schnitzereien. Die spätgotische Figur im Mittelfeld wird auf 1515 datiert. Sie stellt die stehende **heilige Anna selbdritt** mit dem Jesuskind auf ihrem rechten Arm und der an ihre linke Seite geschmiegten, bekrönten Maria dar. Die Figuren in den Seitenflügeln dürften regionale Nothelfer darstellen, an die sich die Gläubigen in ihren Sorgen und Nöten wenden konnten.

Auch diese Kirche und diesen Ort hat *Burkhard Weitz* mit dem Titel *„Drei Ortschaften und ihre Kirchen - Aufbau Ost"* im November 2012 sehr anschaulich beschrieben:

Alt Krüssow kämpft um seine alte Wallfahrtskirche

Wer eine Kirche restaurieren will, braucht Menschen, die sich dafür engagieren. So etwa sagte es Thomas Begrich, Vorsitzender der Stiftung zur Bewahrung kirchlicher Baudenkmäler in Deutschland (KiBa). Das war während einer Fernsehsendung im April vor fünf Jahren. Begrich saß in der ersten Publikumsreihe eines Sendesaals mit einem überdimensionierten Scheck auf dem Schoß. Vorne auf der Bühne musste Uwe Dummer, Vorsitzender des Kirchbauvereins aus Alt Krüssow, Ostprignitz, seine alte

Wallfahrtskirche anpreisen. Gegen drei Konkurrenten aus Sachsen, Sachsen-Anhalt und Thüringen. Es ging um die Publikumsgunst – und natürlich um den Scheck über 500.000 Euro.

Daheim in Alt Krüssow war ein großer Schwenkarm mit Kamera vor der Kirche aufgebaut. Das ganze Dorf hatte sich versammelt, um Aufgaben aus der MDR-Show „Ein Dorf wird gewinnen" zu lösen. Eine der Aufgaben: eine Dorfhochzeit nachstellen. Man sollte einen Schornsteinfeger herbeischaffen, ein Blumenmädchen, eine Bäuerin mit Schlegel, eine Vogelscheuche, ein küssendes Hochzeitspaar. Den Pfarrer gab Superintendent Volker Sparre vom Kirchenkreis Havelberg-Pritzwalk, das Brautpaar ist inzwischen verheiratet und hat ein Kind. „Ich ging gerade hier an der Kirche vorbei", sagt Roswitha Schick, „da kam mir die Vogelscheuche entgegen." Auch Frau Schick trat in ihrem alten Hochzeitskleid mit ihrem Mann im Smoking vor die Kamera – eine weitere Aufgabe aus der Sendung. Am meisten freute sie sich darüber, dass alle Dorfbewohner für einen Filmtrailer einen Kreis um die Kirche bildeten und sich an den Händen hielten.

„Im Urlaub sehe ich mir gern Kirchen an", sagt Frau Schick. „Aber wenn ich wieder zu Hause bin, denke ich: Unsere ist doch die schönste." Dann zeigt sie mittelalterliche Glasmalereien mit

Hase und Schere in ihren Wappen. Sie holt eine Bischofsskulptur aus dem 13. Jahrhundert hervor, eine hohle Eichenholzschnitzerei, die sich gegen den scheibenförmigen Verschluss im Rücken zu lehnen scheint. Sie zeigt Ausguss und Wasserbecken, die in die Ostwand eingelassen sind; die vergitterte Wandnische im Kapellenanbau, wo möglicherweise eine Nachbildung des Hei-ligen Grabes stand, vielleicht waren es auch Reliquien.

Ein Mönch durchkreuzte das Geschäftsmodell "Heiliger Rock"

Elf Meter ragt das backsteinerne Rippengewölbe in die Höhe, für die hundert Einwohner wirkt die Kirche viel zu groß. Auch im Mittelalter war das Dorf winzig. Dennoch lohnte sich der Bau. Der angebliche Rock der heiligen Anna, der Mutter Mariens, lockte Pilger schon vor Fertigstellung der Kirche 1520 an. Schon bald durchkreuzte ein Mönch namens Martin Luther die Geschäfts-idee. Mit der Reformation ebbte die Pilgerei wieder ab.

Das Bauwerk ist eine historische Perle — und eine finanzielle Last. Der Förderverein Wallfahrtskirche Alt Krüssow um Uwe Dummer lässt sich davon nicht entmutigen. Saniert wird abschnittsweise, je nach Kassenlage: erst das zu DDR-Zeiten

eingeworfene Ost-fenster, dann der feingliedrige östliche Stufengiebel, dann der Dachstuhl über der Kapelle.

Nach der MDR-Show bekamen die Alt-Krüssower immerhin
den Trostpreis, 50 000 Euro. Die KiBa, die nicht nur Spendengel-
der zur Verfügung stellt, sondern auch Erfahrung, riet Uwe Dummer, das Geld aufzubewahren – für den Fall, dass sich später ein
größerer Fördertopf auftut, der Eigenmittel erfordert. Genau das
geschah. Im September 2012 konnte das ganze Kirchdach erneuert
werden. Und weil sie den Baufortschritt sehen, bleibt den Alt-
Krüssowern der Elan erhalten.

Stein mit Wegmarkierung der ersten Generation

Wir pilgern von der Kirche zurück zur Kreuzung am Orts-
eingang und biegen nun nach rechts ab. 40 Meter später geht
es halblinks in einen Betonspurweg, der nach **Neu Kemnitz**
führt und auch so heißt.

Ihm folgen wir 800 Meter, bis wir kurz nach Überqueren
einer Bahnlinie einen U-Turn nach links in einen Grasweg
nehmen. Alle Abzweige sind prima markiert.

Der Grasweg verläuft nun gut einen Kilometer parallel
entlang der Bahnstrecke und biegt dann halbrechts in eine
Allee ein. Diese macht einen sachten Rechtsbogen und überquert nach 1,2 Kilometern –mitten im Wald – die Bundes-
straße B 189.

Nach 700 Metern und nochmals nach 1,4 Kilometern biegt der Annenpfad zweimal nach rechts ab und erreicht 270 Meter nach diesem letzten Knick die **ev. Dorfkirche Bölzke**.

Bölzke

Bölzke ist, wie *Burkhard Weitz* 2012 in seiner Reportage zu berichten weiß, das genaue Gegenstück zu Wilmersdorf. Während es in Wilmersdorf bergab geht, erlebt Bölzke einen erstaunlichen Aufschwung, der in direktem Kontext auch zum Annenpfad steht.

Fertig Renoviert: Die Dorfkirche in Bölzke

Mit Bölzke geht es bergauf. Zu DDR-Zeiten hatten die Behörden noch Alkoholiker hierhin abgeschoben. Als das Ehepaar Helm Mitte der neunziger Jahre die örtliche Revierförsterei übernahm, fragten Bekannte verwundert: „Ihr wollt wirklich nach Bölzke? Überlegt euch das!“ So schlecht war der Ruf damals.

Mit den Helms begann der Aufstieg. 1998 gründeten sie den Förderverein zum Erhalt der Bölzker Kirche. Sie sammelten Geld, feierten Dorffeste. Im Jahr 1999 zum Beispiel die 725-Jahrfeier des Ortes. Susanne Gloger war gerade in der Gegend. Sie ist freischaffende Historikerin aus Berlin, auf Zisterzienserinnen spezialisiert und betreute damals eine große Ausstellung im benachbarten Heiligengrabe. Sie sah die Festwerbung, kam – und verliebte sich in das idyllische und lebhafte Dorf.

Inzwischen ist sie fast jedes Wochenende da, macht im Kirchbauverein mit, organisiert Mittelalterspektakel, Kürbis- und Erntedankfeste vor der Kirche und drinnen italienische Abende mit Commedia dell'Arte, Andachten, Lesungen, Kinoabende, Ausstellungen. Auch ihre Mutter ist hergezogen, aus Frankfurt am Main.

Aber das Dach der Kirche war immer noch undicht und das Fachwerk morsch. Akut einsturzgefährdet, diagnostizierte ein

Gutachten. Da war Susanne Gloger bereits stellvertretende Vorsitzende des Kirchbauvereins. Die kulturellen Veranstaltungen sollten weitergehen, die Kirche musste saniert werden – aber woher die erforderliche Viertelmillion Euro nehmen?

Auf dem Annenpfad durch Ostprignitz und Pritzwalk

Mit ihren Mitstreitern tat Susanne Gloger einen EU-Fördertopf zur Landschaftspflege auf. Ihre Idee: Vom Pilgerzentrum Heiligengrabe aus führt ein 22 Kilometer langer Wanderweg durch die Landkreise Pritzwalk und Ostprignitz, vorbei an der Wilmersdorfer Kirche, der alten Pilgerkirche von Alt Krüssow und Bölzke. Wer hier läuft, bekommt in der Bölzker Dorfkirche eine Ausstellung zur Pilgerei zu sehen – und erfährt, dass noch ein dritter früherer Pilgerort in Fußnähe liegt: Wilsnack. So verbanden sich Landschaftspflege und Kirchenrestaurierung.

Gründonnerstag 2011 wurde der Annenpfad eröffnet, benannt nach der Alt-Krüssower Wallfahrtskirche St. Annen. Das Konzept überzeugte, die Geldgeber aus Brüssel bewilligten 180 000 Euro, weitere 60 000 musste der Förderverein dazugeben. Heute informieren Tafeln auf Eisenstelen vor und in der Kirche über Pilgerrouten, Gefahren unterwegs und berühmte Pilger. Im Kircheninneren ist der Altar fachmännisch restauriert, eine Filmleinwand lässt sich von der Decke runterfahren. Die Orgel funktioniert, die versteckte Heizanlage ebenso.

Jetzt kommen auch immer mehr Berliner. Einige bauen alte Backsteinhöfe in Wochenendhäuser um, andere lassen sich ganz hier nieder. Ein paar Höfe sind noch verfallen, Pepe Danquart hat unlängst in einem von ihnen einen Weltkriegsfilm gedreht. Aber die Kirche ist saniert, das alte slawische Runddorf hat sein Zentrum zurückbekommen. Und die neuen Einwohner sprechen den Namen ihrer Ortschaft mit Stolz aus. Eine will demnächst eine Pension eröffnen, „Bett und Bölzke" soll sie heißen.

Die rund 200 Jahre alte Fachwerkkirche gefällt uns sehr. In einem der Nachbarhäuser bekommen wir den Kirchenschlüssel, finden allerdings in der Kirche dann keinen Pilgerstempel. Das ist schade, aber kein Weltuntergang.

Die alte **Wetterfahne des Kirchturms von 1825** steht im Original nun als Ausstellungsstück in der Kirche.

Der **Kanzelaltar** datiert von 1757 und stammt aus der Vorgängerkirche, über die – abgesehen von einer Beschwerde über ihren geradezu gefährlichen Zustand – wenig belegt ist. Kanzelaltäre sind mir bis dato ziemlich neu, werden mir jedoch in den folgenden Jahren beim Pilgern in großer Zahl begegnen. Sie sind typisch lutherisch und entsprechen in der

Verbindung von Altar und Kanzel Luthers Auffassung der Einheit von Sakrament und Wort.

Wir gehen die 270 Meter von der Kirche bis zum Abzweig, über den wir – aus unserer jetzigen Richtung – von links kamen und gehen nun hier geradeaus.

Einen Kilometer weit folgt der Annenpfad nun einer Allee, wobei er zwischendurch einen kleineren Wald durchquert. Am Waldrand biegen wir nach links ab und gehen einen breiten befahrbaren Forstweg. Nach 3,6 Kilometern erreichen wir die B 189, die wir ja bereits vor Bölzke einmal überquert hatten, und überqueren sie erneut.

An diesem Stein geht es links nach Alt Krüssow und geradeaus nach Heiligengrabe

Hier gibt es auch eine eindeutige Wegweisung *„annenpfad über Bölzke"* und *„annenpfad über Alt Krüssow"*. Prima!

Die Straße geradeaus heißt *Am Dröbel,* genauso wie die erste davon nach rechts abbiegende Seitenstraße (und eine weitere Parallelstraße). Am Ende der Seitenstraße gehen wir zwischen einem Wald auf der linken Seite und einer Weide auf der rechten Seite weiter und erreichen die *Blesendorfer Straße.*

Sie macht nach 50 Metern einen Rechtsbogen, dem wir jedoch nicht folgen. Vielmehr gehen wir nun geradeaus in die

Straße *Stiftsgelände*, die uns direkt zur **Heiliggrabkapelle** bringt.

Kloster Stift zu Heiligengrabe

Da die **Besucherinformation** des Kloster Stifts zu Heiligengrabe im September bereits um 16 Uhr schließt, gehen wir zügig, aber ohne Hektik zunächst einmal dorthin. Hier bekommen wir unseren Pilgerstempel und kaufe ich mir ein schönes Medaillon mit dem Emblem des Kloster Stifts.

Über das **Kloster Stift zu Heiligengrabe** gibt es viel zu berichten und dementsprechend auch reichhaltige Literatur. Die Bücherauswahl im Shop der Besucherinformation ist groß.

Das Kloster wurde 1287 durch *Markgraf Otto IV. von Brandenburg* gegründet und zwei Jahre später von zwölf Nonnen des Zisterzienserinnenklosters Neuendorf in der Altmark bezogen. 1317 wird erstmals ein *„Heiliges Grab"* erwähnt. Zu Beginn des 16. Jahrhunderts gehörten rund 180 Personen zum Kloster, darunter ca. 70 Zisterzienserinnen mit einer Äbtissin an ihrer Spitze. Damals besaß das Klostergut ca. 65.000 Morgen Land.

Die Liste aller Äbtissinnen ist übrigens auf dem Klostergelände anhand einer Reihe von Stelen mit Bildern und Biografien nach zu verfolgen.

Mit der Einführung der Reformation 1539 durch *Kurfürst Joachim II.* endete die Blütezeit des Klosters und wurde es – trotz Widerstands der Nonnen und ihrer Äbtissin – in ein adliges evangelisches Damenstift umgewandelt. Hier konnten sich die unversorgten Töchter wohlhabender Adelsfamilien einkaufen.

1847 wurde eine Erziehungsanstalt für Mädchen aus verarmten adeligen Familien gegründet, wenig später auch ein Waisenhaus. Ab 1933 wurde die schulische Mädchenausbildung durch die Möglichkeit, hier die Abiturprüfung abzulegen, aufgewertet. Zugleich sah sich das Stift durch den zunehmenden Einfluss nationalsozialistisch gesinnter Akteure in seinem Umfeld immer stärker bedroht.

Da jedoch in den 1930er Jahren auch *Friedelind Wagner*, Tochter *Siegfried* und *Winifried Wagners* und Enkelin *Richard Wagners*, hier Schülerin war, gelang es der Schulleitung dank Fürsprache Winifried Wagners, diese Bedrohungen abzuwehren.

Kurz vor Kriegsende verließen immer mehr Schülerinnen das Stift, Ende April 1945 auch die letzten acht Schülerinnen und die Äbtissin *Armgard von Alvensleben*, die ihr Amt jedoch bis 1952 weiterhin, nun von Hannover aus, ausübte.

Ab 1946 bezogen aus Oberschlesien vertriebene Friedenshort-Diakonissen das leerstehende Kloster, wobei die Dorfpfarrerin und ehemalige Stiftsschülerin *Ingeborg-Maria Freiin von Werthern* von 1852 bis 1995 als Äbtissin amtierte.

1996 wurde der Konvent mit zwei neuen Stiftsdamen neu gegründet.

Zu den heutigen Stiftsdamen zählen u.a. die frühere Bundesministerin *Irmgard Schwaetzer* und die Biologin und ehemalige Bremische Abgeordnete *Elisabeth Hackstein*. Letztere repräsentiert das Stift auch innerhalb der Arbeitsgemeinschaft Annenpfad.

Hackstein, Jahrgang 1949, studierte von 1971 bis 1973 Katholische Theologie und von 1971 bis 1978 Biologie an der Universität Freiburg. 1988 promovierte sie mit einem limnologisch-ökotoxikologischen Thema an der Universität Bremen zum Dr. rer. nat., wobei sie zu dieser Zeit – von 1987 bis 1996 – Mitglied der Bremischen Bürgerschaft war. Von 1996 bis 2004 war sie Dezernentin der Stadt Brühl u.a. mit dem Schwerpunkt Umweltschutz. 1991 wurde sie Mitglied der Evangelischen Kirche und 2003 Stiftsdame in Heiligengrabe, wo sie seit 2004 ihren Lebensmittelpunkt hat. Von 2004 bis 2007 studierte sie Evangelische Theologie an der Universität Berlin und promovierte dort 2008 zum Dr. phil.; zudem ließ sie sich 2005/2006 zur Lektorin und 2007/2008 zur Prädikantin der Evangelischen Kirche Berlin-Brandenburg ausbilden.

Bedeutendster und größter Gebäudekomplex auf dem Stiftsgelände ist die **dreiflügelige Klausur**. Sie wird im Süden durch die **Klosterkirche** abgeschlossen.

Klausur und Klosterkirche sowie der **Kreuzgang** und **Kreuzgarten** im Innenbereich dieses Gebäudevierecks sind regelmäßig per Führungen zu besichtigen.

Zugänglich ist jedoch die 1512 geweihte **Heiliggrabkapelle** mit ihrem fünfstöckigen Stufengiebel. Sie wird auch *Blutkapelle* genannt. Der Legende nach über einem Hinrichtungsort erbaut, ist sie der eigentliche Wallfahrtsort innerhalb der Klosteranlage.

Heiliggrabkapelle

Heiliggrabkapelle

Christine und Kito im Ziel in Heiliggrabkapelle

GRÜNDONNERSTAG, 14. APRIL 2022 – ANPILGERN AUF DEM ANNENPFAD VON & BIS BÖLZKE

Nachdem wir den Annenpfad am 5. September 2021 ein erstes Mal gegangen waren und ich dieses Büchlein begonnen hatte, beschäftigte mich das Anpilgern auf dem Annenpfad, das wie erwähnt **alljährlich am Gründonnerstag** stattfindet, sehr.

Der Gründonnerstag ergibt sich aus der offiziellen Eröffnung dieses Pilgerwegs am Gründonnerstag 2011.

Ich hatte diverse Presseankündigungen und Kurzberichte im Internet gefunden, aber gleichwohl keine konkrete Vorstellung davon. So beschließe ich, beim Anpilgern am 14. April 2022 teilzunehmen, und zwar – da ich weiß, dass Hunde dabei zugelassen sind – gemeinsam mit Kito.

Also brechen Kito und ich am Gründonnerstag früh gegen 7:30 Uhr mit meinem Auto in Hamburg auf. Der kleine Hund ist Autofahren gewohnt und ein lieber und entspannter Beifahrer. Wir kommen gut durch und erreichen das Dorf

Bölzke und die kleine Fachwerkkirche dort um kurz vor 10 Uhr, also gerade rechtzeitig.

Allerdings hat während der letzten zwanzig Minuten unserer Anreise ein unangenehmer Regen eingesetzt, den Kito noch weniger mag als ich. Glücklicherweise lässt dieser aber genau bei unserer Ankunft in Bölzke nach und hört Minuten später dann ganz auf.

In der Kirche gibt es frischen, heißen Kaffee und daneben eine Spendendose. Wir beide haben jedoch bereits während der Fahrt im Auto gefrühstückt – ich mit Kaffee und wir beide mit Broten.

Neben der Fachwerkkirche haben sich rund 50-70 Menschen und einige wenige Hunde versammelt. Sie werden von den Repräsentanten des Arbeitskreises Annenpfad, vom

Bürgermeister und vom Pfarrer aus Heiligengrabe willkommen geheißen.

Nach ein paar Grußworten und einem Pilgersegen des Pfarrers setzt sich die Pilgerschar in Bewegung und macht sich auf den Weg nach Heiligengrabe.

Ich hatte eigentlich erwartet, dass jemand von den Organisatoren die Funktion eines Wander- bzw. Pilgerleiters übernehmen und die Pilgergruppe zusammenhalten würde. Aber dies ist offenbar nicht vorgesehen und anscheinend hier auch nicht üblich.

Geradeaus geht es hier nach Heiligengrabe, links indessen nach Alt Krüssow.

Die Teilnehmerschar zieht sich immer weiter auseinander. Jeder geht sein eigenes Tempo und seinen eigenen Rhythmus. Das ist natürlich auch gut und beim Pilgern an sich richtig. Aber beim gemeinschaftlichen Anpilgern hatte ich doch etwas mehr Gruppenerlebnis und Gemeinsamkeit erwartet.

Kito und ich halten uns in der Mitte der vorderen Gruppenhälfte.

Die Feld- und Waldwege sind zwar vom Regen aufgeweicht und weisen eindrucksvolle Pfützen auf, sind aber insgesamt gut zu gehen.

Gegen halb zwölf nähern wir uns dem **Kloster-Stift zum Heiligengrabe**. Die ortskundigen Pilger an der Spitze steuern ohne irgendwelches Zögern ein Nebengebäude auf den

Stiftsgelände an, wo – gegen einen kleinen Obolus – Suppe, Brote und Kaffee als Mittagsmahl für bereitstehen.

Dies ist ganz in Kitos Sinne. Auch er findet meine Suppe lecker und frisst begierig in Suppe getunkte Brotstückchen.

Anschließend begeben sich etwa 25-30 der Pilger in die **Heiliggrabkapelle („Blutkapelle")**, wo *Elisabeth Hackstein*, Konventualin des Kloster-Stifts zum Heiligengrabe und Prädikantin der Evangelischen Kirche Berlin-Brandenburg, eine Pilgerandacht abhält.

Heiligblutkapelle

Kito und ich sitzen in der Kapelle ganz hinten. Ich habe den kleinen Hund, den ich nicht draußen anbinden wollte, auf dem Arm, und er kuschelt sich lieb an mich und gibt keinen Mucks von sich. So kann sich auch niemand durch den kleinen 4-Pfoten-Pilger gestört fühlen.

Kaum haben wir die Kapelle verlassen, wo bereits die anderen Pilger auf uns warten, so startet die Gruppe unversehens wieder durch. Wie schon in Bölzke geht das sang- und klanglos vonstatten, so dass Kito und ich erst einmal zusehen müssen, dass wir uns in der sich nun sehr lang auseinander gezogenen Gruppe wieder peu a peu in die Gruppenmitte vorarbeiten können.

Auf dem Weg zum Bahnhof Heiligengrabe

Der im Herbst noch völlig zugewachsene Wegweiser nach rechts 600 Meter hinter dem Bahnhof Heiligengrabe

Die Gruppe passiert **Wilmersdorf** im Sauseschritt und eilt nach **Alt Krüssow**.

Als Kito und ich die der Heiligen Anna geweihte einstige *Wallfahrtskirche* dort erreichen, ist bereits gut die Hälfte der vor dem Kircheneingang aufgestellten Sitzbänke und Tische besetzt.

Im Eingang zur Kirche, im Bereich des Kirchturms, haben die Frauen aus Alt Krüssow ein leckeres Kuchenbüffet aufgebaut. Auch frischen, heißen Kaffee gibt es. Die Bezahlung funktioniert auf Spendenbasis.

Ich habe den Fehler gemacht, Kito mit zum Kuchenbüffet zu nehmen. Das sagt ihm durchaus zu. Nur habe ich nun plötzlich das Problem, den Pappteller mit drei Kuchenstücken, die Plastiktasse mit dem heißen Kaffee und den jetzt etwas aufgeregten, quirligen kleinen Hund gleichzeitig zu managen. Dies gelingt nur partiell: Als Kito plötzlich an seiner Leine ruckt, ergießt sich die Hälfte meines Kaffees über ihn.

Wir finden zwei Plätze auf einer der Bänke und teilen uns meinen Kuchen. So macht das Pilgern dem kleinen Hund wieder richtig Spaß!

Als ich dann eine zweite Tasse Kaffee und einen Nachschlag Kuchen hole, binde ich Kito diesmal zur Sicherheit am Haken einer Steinsäule an und hole ihn erst wieder zum Tisch, als Kaffee und Kuchen dort bereits stehen…

Auch hier in Alt Krüssow gibt es eine kleine Andacht unter der Leitung von *Elisabeth Hackstein*. Diesmal bin ich alleine dabei, während der kleine Hund draußen wartet.

Erneut bricht dann die Pilgerschar wieder ohne vernehmliche Ansage auf. Aber diesmal haben wir aufgepasst und sind fix mit dabei.

Diesmal muss Kito während der Andacht draußen bleiben. Drinnen ist es zu voll.

Die Gruppe ist inzwischen erheblich geschrumpft und nur

noch etwa halb so groß wie morgens beim Start. Dafür haben

sich einige wenige neue Teilnehmer eingefunden. Eine Pilgerin hat ihren kleinen Hund vom Morgen beim Stopp in Alt Krüssow gegen zwei größere Hunde eingetauscht. Außer Kito pilgert nur ein großer schwarzer Hund die volle Distanz.

Als wir den langen geraden Weg zwischen der Bahnlinie und einem großen Feld erreicht haben, mache ich Kito von der Leine los. Der kleine Kerl rast „wie losgelassen" übermütig zwischen mir und unseren Vorderleuten hin und her und kommt auf mein Rückrufsignal immer wieder unverzüglich und zuverlässig zu mir zurück. Wir haben beide jede Menge Spaß auf diesem Stück.

Am Waldrand, an dem wir dem Weg nach rechts folgen, nehme ich Kito wieder an die Flexileine.

Die Pilgergruppe ist inzwischen in lauter Solisten und Kleinstgrüppchen zerfallen. Einige scheinen sich über die letzten der insgesamt 22 Kilometer retten zu wollen, während es Kito und mir richtig gut geht und viel Freude macht, unser jetzt sehr zügiges Pilgertempo durchzuziehen.

So ist bei unserer Ankunft in **Bölzke** nur noch eine Vierergruppe vor uns. Die vier halten sich nicht lange auf, sondern verabschieden sich voneinander und begeben sich sogleich auf den Heimweg. Ganz offenbar ist hier in Bölzke nichts mehr vorgesehen.

In der Kirche steht wieder frischer heißer Kaffee. Aber Kito und mich zieht es auf den Heimweg. Schließlich habe ich um 18:30 Uhr noch zwei Herzgruppen in Hamburg ärztlich zu betreuen, und dazu reicht das Zeitfenster für die Rückfahrt perfekt.

Erst zu Hause fällt mir dann auf, dass während des Anpilgerns offenbar gar keine Pilgerpässe gestempelt wurden.

Erkenntnis des Tages: Das Anpilgern 2022 auf dem Annenpfad war ein interessantes Erlebnis und die Reise wert. Aber zugleich lief es sehr viel individueller und weniger gemeinschaftlich ab, als ich es erwartet hatte.

Auf der anderen Seite ermöglicht dieses Konzept, dass jeder Teilnehmer sein eigenes Tempo wählt und damit halt gegebenenfalls kürzere Pausen an den einzelnen Stationen hat und seine Verpflegung zeitlich einschränken oder auf die gemeinsame Andacht verzichten muss.

Wallfahrtskirche St. Anna in Alt Krüssow auf meiner Heimfahrt vom Anpilgern 2022

FAZIT

Der Annenpfad ist eine sehr schöne Option für eine eintägige Pilgerauszeit. Verkehrsgünstig gelegen zwischen Berlin und Hamburg, dicht an einem Autobahnanschluss und mit eigener Bahnstation, ist er aus beiden Metropolen gut erreichbar.

Die drei Pilgerstationen – der Heiligblutkapelle im Kloster Stift zum Heiligengrabe, die Wallfahrtskirche St. Anna in Alt Krützow und die Fachwerk-Dorfkirche in Bölzke – können unterschiedlicher kaum sein. Sie vermitteln gleichermaßen einen Blick zurück in die Regionalgeschichte noch vor der Reformation und zeigen, wie sehr auch heutzutage die Zukunft dieser Historie und ihrer Bauwerke von den Menschen abhängt, die sich für sie einsetzen.

Mit nur 22 Kilometern Länge ist dieser Pilger-Rundweg überschaubar kurz. Natürlich muss er nicht in einem Stück gegangen werden. Allerdings gibt es nur in Bölzke und Heiligengrabe Unterkünfte, nicht aber in Alt Krüssow.

Der hübsch aufgemachte Flyer zum Weg, den man in jedem der drei Orte bekommen kann, der jedoch auf Wunsch auch von Heiligengrabe aus zugeschickt wird, dienst zugleich als Pilgerpass und hat auf seiner Rückseite Raum für die drei Pilgerstempel.

In der Besucherinformation in Heiligengrabe gibt es zudem weitere Literatur zum Kloster Stift sowie ein hübsches Medaillon mit dem Emblem des Klosters, das ich mir als Andenken gegönnt habe.

Wer mag, kann den Annenpfad auch an Gründonnerstag beim Anpilgern testen und diesen schönen Pilgerweg in der Gemeinschaft einer Gruppe ganz oder auch nur auf einem Teilstück gehen. Für Aussteiger oder zwischenzeitliche Einsteiger gibt es hier seitens der Veranstalter einen Shuttle-Service. Weitere Informationen zum Anpilgern sind meist erst kurzfristig unter www.annenpfad.de zu finden.

INTERESSANTE LINKS & SONSTIGE INFORMATIONEN

Arbeitskreis Annenpfad: Elisabeth Hackstein, Heiligengrabe; Ralf Doerks und Reinhard Helm, Bölzke; Roswitha Schick, Alt Krüssow; Uwe Dummer, Beveringen

Website des Annenpfads: www.annenpfad.de

Kontakt für Rückfragen: Dr.Elisabeth.Hackstein@t-online.de

Burkhard Weitz: „**Drei Ortschaften und ihre Kirchen - Aufbau Ost**", Reportage, erschienen in chrismon, November 2012 (Wiedergabe mit freundlicher Genehmigung des Autors)

ÜBER DEN AUTOR

Christian Hottas, Jahrgang 1956, lebt seit 1979 in Hamburg, wo er seit 1993 als Facharzt für Allgemeinmedizin mit den Zusatzschwerpunkten Sportmedizin, Chirotherapie und reisemedizinische Beratung niedergelassen ist. Während seiner Sportmedizin-Weiterbildung lief er im April 1987 in Hamburg seinen ersten Marathon und im Juli 1987 in Karlsruhe seinen ersten Ultramarathon.

Im August 2005 absolvierte er seinen 1000. Lauf über mindestens Marathondistanz, im Mai 2013 seinen 2000. und im Juni 2021 dann seinen 3000. derartigen Lauf. Seit August 2011 führt er die „*World Megamarathon Rankings*" (Weltrangliste der Marathon-Vielfach-Finisher) mit inzwischen großem Vorsprung an.

Zum Pilgern kam er erst im Herbst 2018, als er mit seiner Lebensgefährtin Christine Schroeder seinen ersten Jakobsweg, den *Camino Inglés*, ging.

Zunächst pandemiebedingt, konzentrierte sich sein Pilgerinteresse seit 2020 auf deutsche Pilgerwege, wobei ihn insbesondere weniger bekannte Strecken faszinieren. Seit Sommer 2021 ist auch Familienhund Kito (Pinscher-Mix, Jahrgang 2019) mit Begeisterung dabei.

Seither hat es für Christian auch keinen Pilgertag ohne Kito gegeben. Kito ist Pilger durch und durch und Christians zuverlässiger Begleiter und Beschützer. So kompliziert Pilgern mit Hund anfangs schien, so sehr ist jetzt, da Kito und seine Menschen immer besser aufeinander eingespielt sind, Pilgern <u>ohne</u> Hund beinahe undenkbar.

Derzeit sind alle drei – Christian, Christine und Kito – als Jakobspilger von ihrem Zuhause in Hamburg nach Santiago de Compostela unterwegs. Bremen und Wildeshausen (Herbst 2021), Osnabrück, Münster, Herdecke (Frühjahr 2022), Köln und Trier (Herbst 2022) haben sie bereits erreicht. 2023 und 2024 werden alle drei also in Frankreich unterwegs sein.

Kito und Christian sind zudem noch auf einer anderen Route von Hamburg nach Aachen unterwegs und haben dabei über Soltau, Mariensee, Loccum und Minden bis März 2023 Bielefeld erreicht. Von hier soll es 2024 weitergehen.

Kito und der Autor im Ziel des Wilsnacker Pilgerwegs im Juli 2021

Auf der VIA ROMEA GERMANICA, einem Pilgerweg von Stade nach Rom, der dem Rückweg-Route einer Dienstreise des Stader Abtes Albert 1236/37 folgt, sind beide im Frühjahr und Frühsommer 2023 von Stade bis nach Nordhausen gegangen.

WEITERE PILGER-ERLEBNISBERICHTE

Camino Inglés – Schnupper-Pilgern von Ferrol nach Santiago de Compostela (gegangen 2018, Band 1, erscheint 2023)

Hümmlinger Pilgerweg – Von Stein zu Stein Pilgern im Emsland (gegangen 2020, Band 2, noch in Vorbereitung)

Sigwardsweg – Pilgern von Minden nach Idensen und zurück (gegangen 2020, Band 3, noch in Vorbereitung)

Mittelalterlicher Pilgerweg von Berlin nach Wilsnack – Pilgern mit Hund in Brandenburg (gegangen 2021, Band 4, erscheint 2023)

Annenpfad – Kurz-Pilgern in der Prignitz (gegangen 2021 & 2022, Band 5, erschienen 2023)

Jacobusweg Lüneburger Heide von Hamburg & von Lüneburg nach Kloster Mariensee – Jakobspilgern mit

Hund und 9-Euro-Ticket (gegangen 2022, Band 6, erscheint 2023)

Dithmarscher Jakobsweg – Pilgern mit Hund auf der Westküstenroute der Via Jutlandica (gegangen 2022, Band 7, erscheint 2023)

Jakobspilgern mit Hund von Hamburg nach Santiago de Compostela – Teil 1: von Hamburg bis nach Trier auf der Via Baltica, dem Osnabrücker und dem Bergischen Jakobsweg sowie der Via Coloniensis (gegangen 2021-2022, Band 8, noch in Vorbereitung)

Pilgern mit Hund von Hamburg nach Aachen (gegangen 2022-2024, Band 9, noch in Vorbereitung)

Via Romea Germanica – Rom-Pilgern mit Hund, Teil 1: von Stade nach Nordhausen (gegangen 2023, Band 10, erscheint voraussichtlich noch 2023)

Kito und der Autor vor der Pilgerherberge in Bröckel (Via Romea Germanica) im Juli 2023

ENTSTEHUNGSGESCHICHTE DIESES BUCHES

Pilgerweg gegangen am 5.9.2021 von & bis Heiligengrabe sowie beim Anpilgern am 14.4.2022 von & bis Bölzke

Textkonzept und -Beginn im August 2021

Text fertiggestellt im August 2023 (Hauptteil) bzw. Mai 2022 (Anpilgern)

1. Layout mit Fotos & Lektorat im August 2023

Neues (2.) Layout gemäß der BoD-Buchblock-Anleitung und vollständige Überarbeitung Anfang September 2023

Schlussbearbeitung, Covergestaltung & Publikation im September 2023

Wegweiser zwischen dem Kloster Stift zu Heiligengrabe und dem Bahnhof dort

Der kleine Pilgerweg-Tester inspiziert alle Wegmarkierungen höchstselbst und sehr genau.

Kloster Stift zu Heiligengrabe: rechts Klosterkirche, links Konvent

Friedhof der Äbtissinnen und einiger Stiftsdamen in Heiligengrabe